BEI GRIN MACHT SICH IHR WISSEN BEZAHLT

- Wir veröffentlichen Ihre Hausarbeit, Bachelor- und Masterarbeit

- Ihr eigenes eBook und Buch - weltweit in allen wichtigen Shops

- Verdienen Sie an jedem Verkauf

Jetzt bei www.GRIN.com hochladen und kostenlos publizieren

Bibliografische Information der Deutschen Nationalbibliothek:

Die Deutsche Bibliothek verzeichnet diese Publikation in der Deutschen National-bibliografie; detaillierte bibliografische Daten sind im Internet über http://dnb.d-nb.de/ abrufbar.

Dieses Werk sowie alle darin enthaltenen einzelnen Beiträge und Abbildungen sind urheberrechtlich geschützt. Jede Verwertung, die nicht ausdrücklich vom Urheberrechtsschutz zugelassen ist, bedarf der vorherigen Zustimmung des Verla-ges. Das gilt insbesondere für Vervielfältigungen, Bearbeitungen, Übersetzungen, Mikroverfilmungen, Auswertungen durch Datenbanken und für die Einspeicherung und Verarbeitung in elektronische Systeme. Alle Rechte, auch die des auszugsweisen Nachdrucks, der fotomechanischen Wiedergabe (einschließlich Mikrokopie) sowie der Auswertung durch Datenbanken oder ähnliche Einrichtungen, vorbehalten.

Impressum:

Copyright © 2017 GRIN Verlag
Druck und Bindung: Books on Demand GmbH, Norderstedt Germany
ISBN: 9783668807365

Zeynep Ataman

Die Frage nach dem moralischen Personenstatus am Anfang und Ende des menschlichen Lebens

Eine ethische Auseinandersetzung mit Peter Singers und Robert Spaemanns moralphilosophischen Standpunkten zur Lebenserhaltung

GRIN Verlag

GRIN - Your knowledge has value

Der GRIN Verlag publiziert seit 1998 wissenschaftliche Arbeiten von Studenten, Hochschullehrern und anderen Akademikern als eBook und gedrucktes Buch. Die Verlagswebsite www.grin.com ist die ideale Plattform zur Veröffentlichung von Hausarbeiten, Abschlussarbeiten, wissenschaftlichen Aufsätzen, Dissertationen und Fachbüchern.

Besuchen Sie uns im Internet:

http://www.grin.com/

http://www.facebook.com/grincom

http://www.twitter.com/grin_com

Inhalt

1. Einleitung

Zunächst präferiere ich die wissenschaftliche Arbeit mit der historischen Entwicklung des Personenbegriffs einzuleiten, um zu skizzieren, welche heterogenen Interpretationen von wichtigen Philosophen innerhalb der philosophiegeschichtlichen Zeittafel an dieser speziellen Terminologie gewagt wurden. Für dieses Vorhaben beabsichtige ich aufzuführen, wie verschiedenartig die Definition gedeutet werden kann und möchte aufzeigen, wieso es äußerst komplex ist den Personenbegriff transparent und schlüssig zu definieren, obwohl es ein Elementarbegriff für viele Disziplinen ist. Zudem bin ich der Ansicht, dass sich nur sehr wenige mit dem historischen Verlauf dieser ohnehin selten durchgeführten Reflexion des Personenbegriffs gegenwärtig und künftig auseinandersetzen werden, da es in der heutigen Zeit nur in Ausnahmefällen oder Extremsituationen hinterfragt und simplifiziert als Synonym für Mensch hingenommen wird, weil sich dieses Verständnis zunehmend in der Gesellschaft etabliert hat. Jedoch ist es unverzichtbar diese Begrifflichkeit zu analysieren, allein schon im Sinne des Grundgesetzes[1], um zu schraffieren, ob es moralisch vertretbar ist, ausschließlich Menschen Unantastbarkeit und Unversehrtheit, ergo ausnahmslos allen Menschen und keinem aus diesem Raster fallenden Wesen eine höhere Schutzdimension zuzubilligen. Deshalb werde ich es mir zur Aufgabe machen, die wichtigsten historischen Züge nachzuzeichnen, um zur heutigen, modernen Ansichtsweise zu gelangen. Bei meiner Nachskizzierung werde ich chronologisch vorgehen und, wie bereits erwähnt, nur die wesentlichen Entwicklungsverläufe abbilden, da alles Weitere, wie die Auflistung zu akribischer Details, den Rahmen sprengen würden. Anschließend halte ich es für notwendig auf die Bioethik als konkreten ethischen Zweig einzugehen, um im weiteren Verlauf der wissenschaftlichen Arbeit an das Hauptthema überleiten zu können, das in bioethischen Debatten gründet.

Im Hauptteil meiner Auseinandersetzungen werde ich mein Hauptanliegen platzieren, nämlich Peter Singer mit seinem Präferenzutilitarismus, den ich zuvor aufgreifen und näher erläutern werde, um später an seine von der Außenwelt sehr kritisch begutachtete Abtreibungs-Debatte anzuschließen. Ich habe mich für Peter Singer entschieden, da er eine starke philosophische Persönlichkeit ist, die eine starre Meinung zur Abtreibung und insgesamt zum Personenbegriff einnimmt, und er alles

---

[1] Artikel 1 des deutschen Grundgesetzes: „Die Würde des Menschen ist unantastbar. Sie achten und zu schützen ist Verpflichtung aller staatlichen Gewalt."

1

in Allem ein sehr interessanter, bekannter Philosoph der modernen Zeit ist. Die Illustration seiner Axiome dienen dazu, den Anfang des menschlichen Lebens ethisch zu durchleuchten und sich zu überlegen, ob und welchen moralischen Lebenswert und welches moralische Lebensrecht, das sich anatomisch betrachtet noch zu einem Menschen entwickelnde Wesen, welches noch weit davon entfernt ist einem Herangewachsenen in seinem Erscheinungsbild und seinen kognitiven Kapazitäten ebenbürtig zu sein, zu Beginn seiner Lebenszeit, wie es sich bei Embryonen, Föten und selbst Neugeborenen verhält, hat.

Im nächsten Unterkapitel werde ich mit Heranführung von Spaemann auf das Ende des menschlichen Lebens eingehen, den ich aus denselben Gründen, die ich soeben bei Singer genannt habe, mir als Autor ausgesucht habe. Bei ihm werde ich genau wie bei Singer verfahren, indem ich zuerst den Leser an seine Ethik heranführe, um seine Grundgedanken mitzuteilen.

Zum Schluss habe ich vor, beide Auffassungen miteinander zu vergleichen, um sie in eine Verhältnismäßigkeit zu bringen und nicht isoliert voneinander, sondern vernetzt zueinander zu betrachten. Dafür werde ich versuchen Gemeinsamkeiten und Unterschiede herauszuarbeiten, obwohl ich vorab erwähnen bzw. aufgreifen muss, dass die Unterschiede zwischen den beiden Parteien gewiss deutlich überwiegen werden. Zudem ist das letzte Kapitel dazu vorgesehen Singers Philosophie auf die Euthanasie und auch umgekehrt Spaemanns Ethik auf die Abtreibung zu transferieren, sodass beide ethische Anwendungsbereiche, die aufgrund ihrer Komplexität sensibel zu behandeln sind, von beiden Ebenen durchleuchtet werden und um zu verdeutlichen, dass der Personenbegriff auch heutzutage noch nicht von jedem einheitlich verstanden und ein schwieriger Terminus ist, insbesondere weil seine Deutung einen hohen Stellenwert für bioethische Konflikte einnimmt.

2. Allgemeines zur Philosophie der Person: Person-Sein im Lichte historischer und bioethischer Herausforderungen

2.1 Die Etymologie ‚Person`

Die etymologische Herkunft des lateinischen Wortes <persona> kann nur unscharf zurückverfolgt werden. Naheliegend ist die Vermutung, so Friedländer, dass der Begriff dem griechischen Wort <prosopon> entstammen könnte. Stowasser hingegen hält seine Auffassung für wahrscheinlicher, die besagt, dass das zu analysierende Wort auf ‚personare`, was mit verkleiden, maskieren übersetzt werden kann, zurückgeht. Damit wird das Bezugsfeld des Theaters anvisiert und die Aufmerksamkeit auf den themenspezifischen Konnektor der Maske gelenkt, der zwei divergente Lesarten zulässt: zum einen die Masken der Schauspieler, die von ihnen als Objekte in einem Schauspiel getragen wurden, oder als Verweis auf die Theaterrolle, welche vom Akteur verkörpert und umgesetzt wird. Da die Identitäten der Figuren mit diesen Herangehensweisen verschleiert wurden, konnten auf der Bühne auch andere Personen "zum Leben erweckt" oder Gottheiten repräsentiert werden. Möglich wurde dieses Ablegen der eigenen und das Einnehmen einer fremden Persönlichkeit nur, wie man aus dem Umkehrschluss folgern kann, durch das menschliche Vermögen, seine eigene Identität bewusst wahrnehmen sowie gleichzeitig diese von anderen Substanzen abstrahieren zu können. Der Mensch muss also zwangsläufig über ein Selbstbewusstsein verfügen.[2]

In der heutigen modernen Zeit werden die Begriffe Mensch und Person äquivalent genutzt. Bis dieses Sprachverständnis jedoch entstehen konnte, hat die Terminologie eine lange Laufbahn an Sprachwandelprozessen bestritten. Ihr Ursprung geht auf die stoische Kultur zurück. Zu jener Zeit war der Begriff im Vergleich zu heute nicht, wie man annehmen könnte, dualistisch geprägt gewesen, womit nach Cicero und Epiktet gemeint war, dass Körper und Seele als ein komplementäres Konstrukt, deren Elemente miteinander verwoben seien, verstanden wurde. Die Stoiker interpretierten Person als jemanden, nämlich als einen Menschen, der sich selbst frei gestalten und dem eine Individualität zugesprochen werden kann. Anknüpfend an die Stoa übernahm die frühchristliche Theorie das Gedankengut des freien, sich selbst gestaltenden und individuellen Menschen mit dem Unterschied der Abstrahierung zu den beiden Instanzen, die davor als ein Ganzes angesehen wurden, d.h. von Körper und Seele

---

[2] Gloy, Karen: Kollektiv- und Individualbewußtsein. Königshausen und Neumann, Dezember 2007, S. 56 f.

nämlich nunmehr als zwei unterschiedliche, voneinander zu separierende Modelle. Zudem prägte die Trinitätslehre des Boethius (ca. 480-ca.526 v.Chr.) mit seiner Definition von Person als "rationabilis naturae individua substantia" die individuelle Substanz einer vernunftbegabten Natur unser heutiges Personenverständnis, da trotz viel Kritikausübung an seinem Werk auch noch heute Person und vernunftbegabtes Individuum gleichgestellt werden.

Boethius Aufstellung der These ist als Produkt einer entgegenlenkenden Maßnahme zur Distanzgewinnung vom Trinitätsmythos zu werten, insofern als dass man eine spekulative Haltung zur Dreifaltigkeit von Gott als Person einnahm. Denn wie allmählich wuchsen die im Mittelalter mit der Logik unvereinbaren Zweifel daran, wie die trinitäre Ausgangslage Gottes: Vater, Sohn und Heiliger Geist mit der dazu konträr stehenden Einzigkeit Gottes zusammengehen könne. Unschlüssig blieb indes auch die Problematik der bislang unangefochtenen Überzeugung davon, wo die Grenze zwischen Mensch und Gott am Beispiel von Jesus Christi zu verlaufen habe, ob man beides zugleich sein könne oder, ob nur ihm, als einzigem, zugestehen werden könne, einer beiden verinnerlichenden Zwischeninstanz anzugehören. Aufgrund dieser Paradoxien hat Boethius folglich dann den klassischen Lösungsvorschlag unterbreitet gehabt, die Person als ein Lebewesen, das die Eigenschaften der Vernunftbegabung und der Individualität verzahnt, zu betrachten.

Mit dem Philosophen und Theologen Richard von St.Viktor (1110-1173) erfuhr der Personenbegriff eine Bedeutungsverengung. Für ihn ist die Person „die nicht mitteilbare Existenz einer intellektuellen Natur", womit er zu vermeiden versuchte, dass der Begriff nicht auf alle Personen auszuweiten sei. Besonders nicht auf göttliche Personen, die kontrovers zu Boethius Blickwinkel betrachtet, keiner rationalen Natur entsprechen und substanzlos sind. Damit untersteht der Personenbegriff der Bedingung von reinen Relationen, womit Personen Individualität zugesprochen und die Begrifflichkeit um Unvermittelbarkeit erweitert wurde.[3]

John Locke (1632-1704) wiederum forderte in der Neuzeit vom Personenbegriff ein, empirisch nachweisbar zu sein. Mit der Person referiert er auf das Individuum. Weiterhin meint er, dass das Individuum ein Selbstbewusstsein besäße und sich aufgrund seiner Denkfähigkeit und seiner moralischen Würde, also sich durch kognitive und moralische Fähigkeiten, statuiere. Die Erfahrungen entstünden durch

---

[3] Schmidhuber, Martina: Der Prozess personaler Identitätsbildung und die Rolle von Institutionen: Eine philosophisch-anthropologische Untersuchung. Band 82, Wien, 30. März 2011, S. 16 ff.

die Bewusstseinsfähigkeit, womit Bewusstsein ein elementarer Prädiktor für das Person-Sein sei. Folglich seien Personen für ihre eigenen Handlungsentscheidungen verantwortlich zu machen.[4]

George Berkeleys (1685-1753) kritische Auseinandersetzung mit John Locke führte dazu, dass der Personenstatus wieder zurückgeführt wurde auf das immateriell geistige Gut, was mit seiner religiös aufgeladenen Weltanschauung begründet werden kann. Er hielt Person und Geist für eine identische, unteilbare Substanz und projizierte seine Überzeugung mit seiner Beschreibung: „a human spirit or person" (menschlicher Geist oder Person) auf den Menschen. Des Weiteren billigte er in diesem Zusammenhang nur bewussten Dingen, worunter er ausschließlich Personen fasst, zu, eine reale Existenz zu haben. Da Berkeley die Existenz einer vom Geist unabhängigen Materie leugnet und es ihm zufolge außerhalb des Geistes keine materielle Welt gibt, ist er als Hauptvertreter des Immaterialismus auszumachen.[5] Ein weiteres Gegengewicht zu Locke bildet der schottische Philosoph David Hume (1711-1776), dessen Theorie beinhaltet, dass das Ich ein Bündel von Perzeptionen sei. Unter Perzeptionen verstand er bewusste wie auch unbewusste Inhalte des Geistes, ergo sinnliche Wahrnehmungen zusammengesetzt aus einfachen Eindrücken und Vorstellungen. Basierend auf dieser Betrachtungsweise vom Person-Sein ist zu schlussfolgern, dass der große Denker sich entschieden vom Substanzbegriff distanzierte und die Substanz für ihn bloß eine Fiktion dargestellt hat.[6]

Der Personenbegriff musste sich anschließend in der Epoche des Idealismus einer weiteren Intension beugen. Die Definition wurde im Anschluss daran von Kant, Fichte und Hegel aufgegriffen und neu geformt.[7] Immanuel Kant (1724-11804) deutete die Person als wen, das ein Selbstbewusstsein hat und postulierte, dass die numerische Identität einer Person über verschiedene Zeiten und Räume hinweg skizziert werden könne. Seine Interpretation von einem Selbstbewusstsein und dementsprechend von einer selbstbewussten Person zeichnet sich durch zwei existentielle Komponenten aus und zwar sei das Selbstbewusstsein zum einen geprägt durch die Beobachtung seiner selbst und zum zweiten entstehe sie durch die Reflexion seiner selbst. Diese Überlegungen geben zu erkennen, dass der Mensch bei Kant immer zugleich Person

---

[4] Specht, Rainer: John Locke. 2. Auflage. 15. März 2007, S. 85 f.
[5] Rehfus, Wulff D.: Geschichte der Philosophie II: 16.-18. Jahrhundert. 1. Auflage, 7. März 2012, S. 39 ff.
[6] Kuhlenkampff, Jens: David Hume. 2. Auflage, 30.September 2003, S. 32-35
[7] Buillon, Christian/Heiser, Andreas/Iff, Markus: Person, Identität und theologische Bildung. 1. Auflage. Stuttgart, 2017, S. 111

ist. Außerdem betrachtete er als hinreichendes Kriterium für das Person-Sein das Vermögen objektive Regeln aufzustellen, die man für allgemein gültig erklären könne. Die erzielten moralischen Gesetze sind von seiner Ideologie ausgehend als Konstrukte und Erzeugnisse der reinen praktischen Vernunft, denen nur Menschen obliegen können, zu werten.[8] Johann Gottlieb Fichte (1762-1814) tritt mit seinem legendären Zitat: „Was für eine Philosophie man wähle, hängt davon ab, was für ein Mensch man ist." in die Geschichte des Personenbegriffs ein.[9] Fichte deklarierte Leiblichkeit und Interpersonalität zu konstitutiven Bedeutungsträgern für das Selbstbewusstsein einer Person, der er Vernunft- und Freiheitfähigkeit zusprach. Die Praktizierung der Fähigkeiten könnten nur durch die Interpersonalität funktionieren mit denen er die Zwischenbeziehungen des Individuums auf andere Individuen anvisiert, die zur Erzielung der Sittlichkeit Rechte und Pflichten einfordern, damit sie gelingen können. Der Mensch wird, wenn man seine Stützpunkte zusammenträgt, als ein dialektisches und gesellschaftliches Wesen angesehen. Fichte vertritt also den subjektiven Idealismus und sein Konzept gehört, sollte man es zuordnen müssen, dem philosophischen Zweig der Rechtsphilosophie an.[10]

Georg Wilhelm Friedrich Hegel (1770-1831) referierte als ein weiterer wichtiger Vertreter des deutschen Idealismus auf den allgemeinen Willen und erweiterte die Thesen Kants und Fichtes damit, dass die Persönlichkeit des Willens den Ausgangspunkt für die Entwicklung der Rechtsprinzipien bilde.[11]

Die Existenz war, insbesondere bei Nietzsche und Jaspers aus der ersten Hälfte des 20. Jahrhunderts, an den Personenbegriff gekoppelt, da der Mensch in dieser Phase als ein reflexives Wesen begutachtet wurde, das die Konditionen seiner Existenz hinterfrage und darin einen Sinngehalt zu finden versuche. Im Zentrum dieser philosophischen Richtung stehe der Mensch mit seinen Besonderheiten, dem ein Vorrang zu allen anderen Seienden eingeräumt wurde.[12] Das wichtigste Postulat in Hinblick auf den Begriff der Person stammte in der zweiten Hälfte des 20. Jahrhunderts von Peter Strawson (1919-2006). Er behauptete, dass Personen und materielle Körper fundamentale Entitäten seien, denen mentale und körperliche Prädikate zukommen. Der Personenbegriff wird im fortschreitenden Verlauf bis dato in divergenten

---

[8] Klemme, F. Heiner: Immanuel Kant. 2004, S. 78
[9] Gadamer, Hans-Georg: Wahrheit und Methode. Grundzüge einer philosophischen Hermeneutik. 1990, S. 101
[10] Na, Chong-sok: Praktische Vernunft und Geschichte bei Vico und Hegel. Band 318, 2002, S. 348
[11] Hegel, G. W. E. : Grundlinien der Philosophie des Rechts. Berlin, 1821, S. 71
[12] Löwith, Karl: Nietzsche`s Philosophy of the Eternal Recurrence of the Same. 1997, S. 223

Bezugsrahmen und durch verschiedenartige Verfahrensweisen und Maßnahmen debattiert. Zwei komplexe Themenfelder, die den Personenbegriff in ethische Bedrängnisse bringen, werden im weiteren Verlauf der wissenschaftlichen Arbeit anvisiert werden.[13]

2.2 Die Bedeutung des Personenbegriffs für bioethische Fragestellungen

Bioethik ist ein Zweig innerhalb der Angewandten Ethik, die eine Bandbreite an Beschäftigungsfeldern einschließt: Medizinethik, Naturethik, Gen-Ethik, Sexualethik, Umweltethik, Sozialethik und die Wissenschaftsethik, welche ihre aktuelle Brisanz nie in der Gesellschaft und der Politik verlieren. Die Bioethik entstand im Kontext öffentlicher Fragen und Diskussionen zur Biomedizin.[14] Doch womit beschäftigt sich die Bioethik? Dafür bedarf es zunächst zu erklären, auf welches Handlungsfeld die Ethik abzielt. Die Ethik beschäftigt sich als Teilbereich der Philosophie mit moralischen Problemfeldern und ist darum bestrebt objektive Bewertungsmaßstäbe aufzustellen, indem sie nach der Normativität und nach der Funktionalität bei einem Handlungsvorgang fragt. Ihr Hauptanliegen, das sie als Disziplin verfolgt, besteht darin Richtlinien menschlichen Handelns zu begründen.[15] Aus dieser Begriffsklärung der Ethik folgt in konkretisierter Übertragung auf die Bioethik, dass dieser Bereich die ethische Reflexion von moralischen Problemen in der Biomedizin und der Biotechnologie fokussiert und versucht begründete Urteile und Handlungsrichtlinien zu finden. Sie befasst sich also mit den ethischen Problemen der Anwendung von biologischem und medizinischem Wissen auf das einzelne Lebewesen, d.h. auf das Lebensrecht von Menschen, Tieren und Pflanzen. Ihre Konzentration lastet primär auf dem Lebensrecht bestimmter Menschen oder Menschen, die sich in bestimmten Stadien befinden, wie Föten, Embryonen, Neugeborene, alte Menschen, chronisch kranken Menschen, Menschen mit Behinderungen usw. Diese wissenschaftliche Arbeit wird sich expliziter zwei Teilbereichen der Bioethik annehmen und die Schlüsselfunktion des Personenbegriffs im Rahmen dieser Grenzfälle betrachten, nämlich mit dem Status des Anfangs menschlichen Lebens und der damit verbundenen Frage auf das moralische Recht auf Abtreibung und der Sterbehilfe und Euthanasie.[16]

---

[13] Becker, Alexander/Detel, Wolfgang: Natürlicher Geist. Beiträge zu einer undogmatischen Anthropologie. Berlin, 2009, S. 69

[14] Roland, Berger: Wozu Geisteswissenschaften?: kontroverse Argumente für eine überfällige Debatte. Frankfurt am Main, 2003, S. 184

[15] Krüsselberg, Hans Günter: Ethik, Vermögen und Familie: Quellen des Wohlstands in einer menschenwürdigen Ordnung. September 2016, S. 18

[16] Wuketits, Franz M.: Bioethik: Eine kritische Einführung. 22. August 2006, S. 24 ff.

3. Wie bewertet Peter Singer die Abtreibungs-Debatte?

3.1 Lebensschutz und -recht für Alle?: Singers Präferenzutilitarismus und sein
   philosophischer Personen-Begriff

Bevor die Konzentration auf den Präferenzutilitarismus gerichtet wird, sollen zunächst noch die Grundüberlegungen des Utilitarismus nachgezeichnet werden. Der Utilitarismus verlangt von seinen Handlungsakteuren im Falle moralischer Entscheidungsfindungen ab, die Maxime zu wählen, die den größtmöglichen Nutzen für die die größtmögliche Anzahl hat. Dass eine Handlung nützlich und vorteilhaft ist, zieht zugleich auch nach sich, dass sie deshalb auch optimal ist, so der utilitaristische Ansatz.[17] Als Urheber dieser spezifischen moralischen Handlungsweise bzw. des Leitfadens, das die Handlungsweisen normiert, lässt sich der britische Philosoph und Ökonom John Stuart Mill konstatieren.[18] Weitere wichtige Vertreter der teleologischen Ethik aus der Neuzeit sind unter anderem: Richard Mervyn Hare, Richard Brandt, John Jamieson Carswell Smart, Dieter Birnbacher und Peter Singer.[19] Im Laufe der Zeit haben sich Unterkategorien im Rahmen des utilitaristischen Nutzenkalküls gebildet. Folgende Abzweigungen sind innerhalb der Ethik auszumachen: der hedonistische Utilitarismus, der ideelle Utilitarismus, der Handlungsutilitarismus, der Regelutilitarismus und der Präferenzutilitarismus.[20] Allen Klassifizierungen sind markante Muster, d.h. universalistische Hauptkriterien gemeinsam. Es wurde bereits erwähnt, dass der Utilitarismus eine teleologische Ethik ist. Zweckgerichtet ist sie deshalb, weil sie im Allgemeinen auf die Summe des Glücks abzielt, welche als Konsequenz der Handlungsausführung willentlich erreicht werden soll. Gestrebt wird in Folge dieser Glücksbeförderung danach, die positiven Handlungsfolgen zu steigern und als logischen Gegenzug dazu, die negativen Konsequenzen auf das Gesamtglück möglichst gering zu halten. Die Lust, die Befriedigung von Interessen und die Freude sind die erwünschten Resultate, die aus einer Handlung hervorgehen sollen. Die Produktion von Emotionen wie Elend und

---

[17] Höffe, Otfried: Einführung in die utilitaristische Ethik: Klassische und zeitgenössische Texte.
4. Auflage. Stuttgart, 1. April 2008, S. 7 ff.
[18] Höffe, Otfried: Einführung in die utilitaristische Ethik: Klassische und zeitgenössische Texte.
4. Auflage. Stuttgart, 1. April 2008, S. 83
[19] Roy, Lena-Katharina: Demenz in der Theologie und Seelsorge (Praktische Theologie im
Wissenschaftsdiskurs, Band 13). 21. Mai 2013, S. 101
[20] Maio, Giovanni: Mittelpunkt Mensch: Ethik in der Medizin: Ein Lehrbuch. 1. Auflage. 9. Dezember
2011, S. 42

Schmerz sind hingegen vollständig zu vermeiden oder wenigstens weitestgehend zu minimalisieren.[21]

Als nächstes ist sich der Frage anzunehmen, was mit der Bezeichnung der Präferenzen nach Singer gemeint ist. Die Präferenzen können als Vorlieben und Neigungen umschrieben werden. In dieser modernen Variante des Utilitarismus beziehen sich die Präferenzen auf das Prinzip allgemeiner Interessenabwägungen hinsichtlich aller Interessen eines Menschen. Der Präferenzutilitarismus ist also das Bewertungskriterium bzw. die Essenz bei moralischen Entscheidungskonflikten schlechthin, nach der man die Handlung ausrichten soll, nachdem man deren wahrscheinlichen Ausgang reflektiert hat. Peter Singers Moraltheorie setzt also zusammengefasst in der Praktischen Ethik an. Er will nicht nur die theoretischen Gehalte der Ethik aufzeigen, sondern das Gedachte auch in praktische Anwendungsbereiche hineintragen und es breitflächig aufspannen.[22]

Von entscheidender Bedeutung für das Lebensrecht ist die Entwicklung des Selbst-Bewusstseins als über die Zeit existierend. Das heißt, ein Lebewesen muss fähig sein zu denken, dass es in der Vergangenheit existiert hat und auch zu irgendeinem Zeitpunkt in der Zukunft existieren wird, um Pläne und Erwartungen für die Zukunft zu haben. Aufgrund dieser konstituierenden Merkmale für Person-Sein kann bei Singer von einem gestaffelten Lebensschutz im Kontext von Bewusstseinszuständen gesprochen werden. Diese Kluft zwischen Lebewesen und einer Person ist damit ethisch bedeutsamer als alle anderen Grenzziehungen. Singer gelangt nach diesem Maßstab für die Bestimmung des Lebensschutzes zu drei Kategorien, ergo Prüfsteinen: selbstbewusste bzw. personale (1), bewusstes (2) und unbewusste (3) Lebensformen. Seine Ethik stößt somit einen Paradigmenwechsel in der Betrachtung von personalem Leben an. Neben Menschen, die ein Verständnis von sich selbst haben und sich als Folge dessen als distinkte Entitäten begreifen können, sein Ich über die Zeit hinweg disponieren können, empfindungsfähig sind, rational denken und handeln können sowie Interessen haben und diese verfolgen, gegründet auf Lockes Personenverständnis, sind auch Primaten und Delphine als Lebewesen, die ein Recht auf Leben haben, aufzuzählen. Denn, so argumentiert Singer, sind sie imstande weiterleben zu wollen. Bewussten Lebewesen habe man hingegen nur einen bedingten moralischen Wert zuzubilligen, da sie empfindungsfähig und damit leidensfähig sind,

---

[21] Vieth, Andreas: Einführung in die philosophische Ethik. 2015, 5.1-5.2
[22] Rohls, Jan: Geschichte der Ethik. 2. Auflage. 31. Dezember 1999, S. 672 ff.

wie es sich bei Fischen und den meisten Säugetieren zuträgt. Sie haben aber nur Lust-/Leid-Präferenzen, die auf den Moment bezogen sind und nicht auf spätere Augenblicke. Bei ihnen greift das Ersatzbarkeitsargument, das besagt, dass die Tötung bewusster Wesen, die zugleich empfindungsfähig sind, nur dann gerechtfertigt werden kann, wenn versichert werden kann, dass die durchkreuzten Wesen durch die Schaffung von neuen Wesen mit mindestens genauso erfüllten Präferenzen ersetzbar ist. Unbewusstem Leben, wie es bei Quallen oder auch bei Pflanzen der Fall ist, die keine angenehmen oder unangenehmen Empfindungen auf Reize, Einflüsse oder Geschehnisse verspüren können, kommt kein Lebensrecht sowie Lebensschutz zu. Sie bilden das Pendant zu den selbstbewussten Lebewesen, denen gegenüber direkte moralische Verpflichtungen gezollt werden müssen.[23]

3.2 Singers Stellungnahme zum Problem der Abtreibung

Nach Singer sind Föten, Embryos und ebenso Neugeborene keine Personen, weil sie nach seinem Axiom also über kein Selbstbewusstsein und keine Leidensfähigkeit verfügen und sich nicht innerhalb einer Zeitleiste ab Existenzbeginn disponieren können. Sie müssen sozusagen ein Eigeninteresse zu ihrer eigenen Weiterexistenz entwickeln, welcher grundlegend für die Anerkennung des moralischen Status als Person ist, wozu jedoch Embryonen, Föten und sogar Neugeborene noch nicht fähig sind, d.h. gerade weil sie sich nicht als eigenständiges, identisches Individuum in der Gegenwart und auch in Hinblick auf die Vergangenheit und Zukunft identifizieren können, werden sie natürlich auch kein Raum-Zeit-Kontinuum daraus herleiten können, was sie wiederum zu nicht wertvollen und weiter für die Moralität relevanten Wesen macht.[24] Dass sie in Zukunft womöglich eine potentielle Person sein werden, hält Singer ebenfalls für kein maßgebendes Kriterium, um dieses Wesen ab dato, wo man von ihm erfährt, als Person zu bewerten. Er bezieht sich, um seinen Standpunkt der Trivialität einer potentiellen Person zu unterstützen, auf ein Prinzen-Beispiel. Der absolute Rechteanspruch, den ein Prinz nach seiner Krönung erlangen wird, bringt ihm in der Position des Prinzen, in der er sich momentan befindet, nicht mehr Rechte bzw. dieselben Rechte eines Königs ein, da sein Werdegang zwar bevorsteht, aber noch nicht eingetroffen ist. Diese potentielle Personenwerdung ist zudem, so argumentiert er weiterhin gegen seine Kontrahenten, ebenso wenig im Interesse der

[23] Nogradi-Häcker, Annette: Zur Personwerdung des Menschen: Zur Ethik Peter Singers. 1994, S. 22-31
[24] Nogradi-Häcker, Annette: Zur Personwerdung des Menschen: Zur Ethik Peter Singers. 1994, S. 32

Weltbevölkerung, weil die Erde bereits überbevölkert ist.[25] Singer beantwortet die Frage nach dem Entstehungszeitpunkt bzw. der abgeschlossenen Entwicklung des Selbst-Bewusstseins etwas vage, weil er sich nicht genau festlegen und damit keinen rational fundierten Augenblick bestimmen kann, ab dem ein Neugeborenes ein Recht auf das ihm geschenkte Leben hat. Singer determiniert aber zur etwaigen Präzisierung der Lebensumstände aufgrund medizinischer Befunde fest, dass das Selbst-Bewusstsein sich innerhalb der ersten sechs Monate entwickle. Er möchte aber, da er sich nicht auf einen faktischen Zeitpunkt berufen kann, die Tötung eines Neugeborenen äußerst eingrenzen, um aufzuhalten, dass sich andernfalls die Tötung eines Neugeborenen auch noch nach einigen Lebensmonaten unbefangen ethisch rechtfertigen lassen würde. Deshalb fordert er ein, das Selbst-Bewusstsein auf einen Zeitpunkt nach dem Ablauf des ersten Lebensmonats anzusetzen. Die dominanteste und letzte Entscheidungsgewalt behält er aber den Eltern vor. Deren Plädoyer soll als wichtigste Instanz über ihre Lebenserhaltung urteilen. Abseits von dieser Beurteilung ist ein Embryo nämlich äquivalent zu einem Schwein, einer Pflanze oder zu einer Kartoffel usw., weil das Embryo nach keinem Lebensrecht verlangen kann oder noch nicht einmal das Lebensrecht im entferntesten Sinne ausdiskutieren kann und seine Lebenserhaltung ihm gleichgültig ist, da er nicht so weit entwickelt ist, dass er sich aufgrund seiner Ich-Bewusstheit (Bewusstseinszustände), die ihm in den nachfolgenden Jahren, während seiner Heranreifung zur Person, zukommen könnte, reflektieren kann, dass er weiter am Leben teilhaben will. Deshalb postuliert Singer, dass es bis etwa zum 28. Lebenstag nicht weiter von Bedeutung ist, insofern als dass es nicht weiter wertvoll und unantastbar, ergo schützenswert ist und sich deshalb bis dahin, so Singer, seine Tötung als moralisch legitimierbar einstufen. Es bekommt seinen moralischen Wert nur aufgrund des Interesses seiner Eltern oder eines anderen Vormundes, also von Personen, zugebilligt. Allein sie entscheiden über den weiteren Verlauf seines Lebens, nicht er selber, was, wie Singer einfordert, ein Imperativ für die Selbstbehauptung und damit einhergehend für die Identifikation eines Wesens als Person zu sein hat.[26]

---

[25] Boloz, Wocjiech/Höver, Gerhard: Utilitarismus in der Bioethik. Seine Voraussetzungen und Folgen am Beispiel der Anschauungen von Peter Singer. 1. Auflage. April 2002, S. 63 f.
[26] Nogradi-Häcker, Annette: Zur Personwerdung des Menschen: Zur Ethik Peter Singers. 1994, S. 33 ff.

4. Robert Spaemann zur Sterbehilfe-Debatte: Töten auf Verlangen

4.1 Über das Person-Sein bei Robert Spaemann

Personen sind nach Spaemann Wesen, die sich zu sich selbst verhalten können, d.h. ein Selbstverhältnis haben.[27] In Abstraktion zu anderen Lebewesen sind sie nicht eins mit der Natur, sondern haben eine Natur, so weiterhin Spaemann zu den Identifikationsmerkmalen des Personenbegriffs, woraus wiederum rückschließend seine sympathische Haltung zur aristotelisch geprägten Naturphilosophie markiert werden kann. Die Person ist aber nicht nur ausgestattet durch das Haben einer Natur, sondern auch durch das Innewohnen eines Körpers und dem Besitz einer Innerlichkeit.[28] Daneben beschreibt der Philosoph eine Person als jemanden, der intentionale Handlungen ausführen kann[29] sowie im Zuordnen von Begriffen und Denken eine Distanz zu sich einnehmen und seinen intentionalen Horizont graduell bis hin zur Allgemeinheit erweitern kann[30], ergo zwischen "für mich" und "an sich" separieren kann, was er als Vermögen wertet und unter den Terminus der Transzendenz fasst.[31] Keine anderen Lebewesen verfügen, wenn man sein Personenkonzept nachzeichnet, über diese Eigenschaften. Die personale Identität wird von Spaemann zudem nicht als qualitativ, sondern als numerische Identität verstanden. Personale Identität ist zugleich also auch immer numerische Identität.[32]

Gerade weil die Person nicht identisch mit seiner Natur ist, kann sie immer in einen Abstand zu sich selbst treten und über sich selber nachdenken. Besonders bemerkbar macht sich diese kritische Selbstreflexion im Rahmen von zwei moralischen Handlungsakten. Verzeihen gehört Spaemanns Folgerung gemäß mit dem Versprechen zum Signum der Person. Die Akte ermöglichen es, das Person-Sein zu realisieren, indem man nämlich durch die gewonnene Distanz zu sich selber in ein

---

[27] Kern, Udo: Liebe als Erkenntnis und Konstruktion von Wirklichkeit: "Erinnerung" an ein stets aktuales Erkenntnispotential. 2001, S. 40

[28] Rohls, Jan: Geschichte der Ethik. 2. Auflage. 31. Dezember 1999, S. 703

[29] Spaemann, Robert: Grenzen: Zur ethischen Dimension des Handelns. 2. Auflage. 1. Januar 2002, S. 424

[30] Spaemann, Robert: Glück und Wohlwollen: Versuch über Ethik. 3. Auflage. 1993, S. 89

[31] Nissing, Hanns-Gregor: Grundvollzüge der Person: Dimensionen des Menschseins bei Robert Spaemann. 1. Auflage. 13. Juni 2008, S. 67

[32] Spaemann, Robert: Personen: Versuche über den Unterschied zwischen "etwas" und "jemand". 3. Auflage. 1. Februar 2007, S. 19

Verhältnis zu dem anderen treten kann und sich seiner Verantwortungen gegenüber seiner Natur bewusst wird.[33]

Personen sind zudem gekennzeichnet durch das, was sie nicht sind. Die Vorgehensweise des umgekehrten Rückschlusses auf das Sein, da Personen auch über das Seiende hinaus denken und das Sein am Gipfel dieser Gedanken steht, wird bei Spaemann unter den Oberbegriff der "Negativität" subsumiert. Die Negativität, die im Übrigen lebendiges gegen nicht lebendiges Seiende abgrenzt, verzeichnet, wenn man Spaemanns These weiterverfolgt, ihre extremste Entfaltung in der Person.[34]

Nach Spaemann definiert sich eine Person außerdem über ihre zwischenmenschlichen Interaktionen zu anderen Personen[35] und über ihr Erinnerungsvermögen, das ihnen über die Beziehungen zu den anderen Personen bleibt, weshalb er Menschen, die erst allmählich an der Aufrechterhaltung dieser Beziehungen durch äußere Faktoren wie Krankheiten verhindert wurden, denen jedoch dennoch die Memoiren über die Beziehungen zu ihren Artgenossen präsent geblieben sind, als Personen einsortiert.[36] Ihm genügt es bereits die Bedingungen für das Person-Sein zu einem anfänglichen Datum der menschlichen Existenz nachgewiesen zu bekommen, da er wie folgt argumentiert: „Eine Person lebt nicht rein selbstbezogen. Sie steht mit sich selbst und mit Artgenossen in Beziehung, kennt sie persönlich und hält, was sie sich und ihnen versprochen hat." Tiere sind, weil sie nicht die Bedingung der Wiedererinnerung erfüllen, nicht den Personen zuzuordnen.[37]

4.2 Euthanasie als ethischer Grenzfall

Euthanasie bedeutet Sterbehilfe auf Wunsch bzw. auf Verlangen desjenigen, der sein eigenes Leben entschieden, sei es für den Moment oder nach längeren Abwägungen, beenden will, gesteuert und durchgeführt von einer in den Todeswunsch involvierten Beihilfe. Der Terminus ist ein aus dem Griechischen stammendes Kompositum, das sich in seine Bestandteile ‚eu` für gut sowie schön und ‚thanatos`, dem griechischen Gott der Unterwelt, zerlegen lässt. Nach dieser Begriffsdefinition wird der Akt und

---

[33] Bielefeldt, Heiner/Lüer, Jörg: Rechte nationaler Minderheiten: Ethische Begründung, rechtliche Verankerung und historische Erfahrung. 2015, S. 25 f.

[34] Spaemann, Robert: Personen: Versuche über den Unterschied zwischen "etwas" und "jemand". 3. Auflage. 1. Februar 2007, S. 53

[35] Stark, Carsten: Kontingenz und Ambivalenz- Der bioethische Diskurs zur Stammzellenforschung. Wiesbaden, 2014, S. 106 ff.

[36] Bahne, Thomas: Person und Kommunikation: Anstöße zur Erneuerung einer christlichen Tugendethik bei Edith Stein. 1. Auflage. 22. Oktober 2014, S. 242

[37] Zollikofer, Christoph/Baschera, Marco: Klon statt Person – Individualität im 21. Jahrhundert. 2011, S. 147

das Resultat, das diesem Verfahren zugrunde liegt, als einfacher, schöner Tod definiert, mit dem Ausgang dem ganzen seelischen und/oder physischen Leiden des Betroffenen schnell ein Ende zu bereiten.[38] In der Euthanasie-Debatte wird zudem zwischen aktiver und passiver Sterbehilfe unterschieden. Beide Ausführungen verlaufen in ihrer Auslegung grundverschieden ab, verfolgen aber dasselbe Endziel, ergo den Tod und damit das Austreten aus dem Leben als Resultat des vollständigen Stillstands aller Lebensfunktionen eines Organismus. Unter der aktiven Sterbehilfe wird die Herbeiführung des Todes durch "eine andere Hand" bzw. durch den Eingriff eines Helfers verstanden und zwar auf den Wunsch des Betroffenen hin oder im Falle einer gültigen Patientenverfügung. In Deutschland ist die aktive Sterbehilfe strafrechtlich verboten, in Belgien und den Niederlanden ist sie hingegen unter der Bedingung, dass die Beseitigung von starken Schmerzen das primäre Ziel zu sein hat, legalisiert. Die passive Sterbehilfe geschieht gegen die einvernehmliche und ausdrückliche Erklärung des Patienten sterben zu wollen entweder weil er sich nicht mehr in einem zurechnungsfähigen Zustand befindet oder keine Patientenverfügung vorliegt, die Aufschlüsse über das ärztliche Vorgehen und weitere Maßnahmen geben könnten. Damit die passive Sterbehilfe eintritt, müssen alle Handlungen dahingehend den Tod zu erzielen getroffen und insofern die lebensnotwendigen rettenden Maßnahmen von Außenstehenden, die im Namen des Betroffenen sein Schicksal entscheiden, eingestellt werden. Das Ziel der medizinischen Behandlung schlägt also nunmehr eine neue Richtung, nämlich in die des Sterbens ein.[39]

Spaemann postuliert entgegen der Übersetzung, dass es keinen schönen und guten Tod geben kann[40], d.h. selbst wenn jemand sterbenskrank ist und sein Tod aller Prognosen nach in Kürze bevorsteht plädiert er entweder für eine "natürliche Todesursache"[41] oder, wenn derjenige sich aus dem zwischenmenschlichen Beziehungsgefüge, in die er von Anbeginn seines Lebens mit dem Status des Mensch-Seins automatisch eintritt, lösen will, durch seine Selbsttötung, ohne jeglicher Heranziehung von Fremdeingriffen. Denn die Rechtsordnung gründet auf der Achtung des Menschen vor dem Menschen und zwar allein aufgrund seiner menschlichen Abstammung. Der Tod

---

[38] Bonelli, Johannes: Leben-Sterben-Euthanasie? (Medizin und Ethik). 1. Juni 2000, S. 51 f.
[39] Fischer, Johannes/ Gruden, Stefan/ Imhof, Esther/Strub, Jean-Daniel: Grundkurs Ethik: Grundbegriffe philosophischer und theologischer Ethik. 2. Auflage. 2008, S. 135 ff.
[40] Beckmann, Rainer/Kaminski, Claudia/Löhr, Mechthild: Es gibt kein gutes Töten: Acht Plädoyers gegen Sterbehilfe. 23. Juni 2015, S. 9-26
[41] Beckmann, Rainer/Kaminski, Claudia/Löhr, Mechthild: Es gibt kein gutes Töten: Acht Plädoyers gegen Sterbehilfe. 23. Juni 2015, S. 24 ff.

durch Suizid mag zwar moralisch und gesellschaftlich verwerflich sein, doch er ist nicht sanktionierbar, da die Autorität und die Kraft der Rechtsgemeinschaft dort entfällt, wo die Person sein eigenes Leben nicht mehr achtet und sich von allen weltlichen Pflichten entbinden will.[42] Ebenso wenig hat, so fordert es Spaemann, der sich den Tod mit allen Mitteln herbeisehnende Patient das Recht, sich durch einen anderen entsolidarisieren zu lassen, da der Helfer zum einem dem noch sozialen Gefüge angehört und zum nächsten sich das Freiheitssubjekt sich nur selbst zerstören darf.[43]

Spaemann appelliert entschieden gegen die Aufhebung des Euthanasie-Tabus und erhebt nach diffamierender Verweise auf die NS-Euthanasie den Vorwurf, dass viele kommerzielle Betriebe die Sterbewilligen als profitreiche Einkommensquelle mustern und sie quasi mit dieser zweckentfremdenden Herangehensweise stumpfsinnig verdinglichen wollen. Er stellt sozusagen eine Korrelation zwischen der Legalisierung der Euthanasie und den Begünstigten auf, weil er eine klare Kausalität in dieser Verhältnismäßigkeit sieht und es für ihn äußerst suspekt und annehmbar erscheint, dass dieses plötzliche Bestreben um die Durchbrechung des Tabus nur als Vorwand dient.

Statistisch betrachtet fühlen sich die meisten Betroffenen, die zur Euthanasie-Entscheidung gelangen, in irgendeinem Zeitabschnitt ihres Lebens einsam und verlassen. Sie befinden sich in einem zwischenzeitlichen Tiefpunkt und blicken geplagt durch ihre seelischen, möglicherweise auch physischen Schmerzen perspektivlos in die Zukunft, sodass sie nicht mehr wie möglicherweise zuvor rational denken können und keine Lebensdurst verspüren. Aufbauend auf dieser Schlussfolgerung wirft Spaemann den Euthasie-Sympathisanten vor, den besseren und billigeren Ausweg zu präferieren. Er wirft als konstitutives Argument ein, wieso man denn nicht die Kosten einsparen solle, wenn jemand einen teuer zu stehen kommt, obwohl er seinen Tod auf Verlangen herbeisehnt, sein Recht auf Autonomie einfordert und sich selber sowie die anderen von seinen Sorgen entledigen will. Denn neben dem Kostenprofit könnte als zweiter Gewinn die Auslöschung aller Schwachen, aus dem

---

[42] Beckmann, Rainer/Kaminski, Claudia/Löhr, Mechthild: Es gibt kein gutes Töten: Acht Plädoyers gegen Sterbehilfe. 23. Juni 2015, S. 14-17
[43] Beckmann, Rainer/Kaminski, Claudia/Löhr, Mechthild: Es gibt kein gutes Töten: Acht Plädoyers gegen Sterbehilfe. 23. Juni 2015, S. 20- 24

Gleichgewicht geratenen und nicht mehr oder nur unter komplexen Bedingungen in die Gesellschaft zu integrierenden Komponenten registriert werden.[44]

Vielmehr rät Singer dazu den Betroffenen bei der Beseitigung ihrer Probleme zu helfen, indem ihnen durch seelischen Beistand das Gefühl der Einsamkeit genommen werden und dafür das Gefühl der Geborgenheit und Verbundenheit gegeben werden soll sowie den Sterbesuchenden zu einem Lebenssinn und zu einer erfüllteren, qualitativeren Lebensgestaltung verholfen werden soll.[45]

Spaemann spricht sich überdies für eine Erweiterung und Zuspitzung des Gesetzes aus, d.h. er will zum einen die Befugnis zur Sterbehilfe, sowohl im Allgemeinen als auch juristisch, mit aller Vehemenz verhindern und schlägt zum anderen vor, das Strafgesetzbuch dahingehend zu überdenken, ob man nicht das rechtskräftige Gesetz, also das bereits bewilligte, im Gesetzbuch verankerte und legalisierte Gesetz der Beihilfe zum Tod, auch überdenken sollte. Die Schranken vor der Euthanasie sollen starr verschlossen bleiben. Er will in summa summarum alle Tötungsdelikte eindämmen, weil sie zu einer Spirale und zu einem Teufelskreis von Freitod-Debatten führen würden.[46]

5. Spaemann gegen Singer zur Tötungsfrage: Gemeinsamkeiten und Unterschiede

Die beiden Ansätze können unterschiedlicher nicht sein. Während Robert Spaemann eine aristotelisch geprägte Naturphilosophie vertritt, beantwortet Peter Singer bioethische Debatten und die Tötungsproblematik mit einer besonderen Form des Utilitarismus, mit der des Präferenzutilitarismus. Sein Axiom immaniert, dass nur Personen ein Recht auf Leben haben. Damit durchbricht er die traditionelle Ethik von der Unantastbarkeit menschlichen Lebens. Die Tötung einer Person gilt diesem Grundgedanken nach als unmoralisch, weil eine Person ein Interesse an ihrem eigenen Leben besitzt. Neugeborene sind sich jedoch, wenn man sich seiner These annimmt, seiner selbst und seines Interesses am Leben noch nicht bewusst, da sich das Selbst-Bewusstsein erst graduell, innerhalb der ersten Monate nach der Geburt entwickelt. Die Bedingung des Selbst-Bewusstseins lässt sich gleichermaßen auch auf

[44] Beckmann, Rainer/Kaminski, Claudia/Löhr, Mechthild: Es gibt kein gutes Töten: Acht Plädoyers gegen Sterbehilfe. 23. Juni 2015, S. 24 ff.
[45] Beckmann, Rainer/Kaminski, Claudia/Löhr, Mechthild: Es gibt kein gutes Töten: Acht Plädoyers gegen Sterbehilfe. 23. Juni 2015, S. 13 f.
[46] Beckmann, Rainer/Kaminski, Claudia/Löhr, Mechthild: Es gibt kein gutes Töten: Acht Plädoyers gegen Sterbehilfe. 23. Juni 2015, S. 26

Tötungsfragen in Bezug auf andere Krisenkonflikte bzw. Grenzfälle transferieren. Gegen das Töten einer Nicht-Person hat Singer folglich unter bestimmten Umständen nichts einzuwenden, denn er konstatiert den ungerechtfertigten Tod eines Wesens nicht über seine Zugehörigkeit zu einer Spezies, sondern über die Lockesche Definition von einer Person, nach der sich eine Person über die Nachweisbarkeit bestimmter Attribute auszeichnet: "a thinking intelligent being, that has reason and reflection, and can consider itself as itself, the same thinking thing, in different times and places; which it does only by that consciousness which his inseparable from thinking."[47] In Folge dessen sind sowohl nach Locke als auch nach Singer bspw. Föten, Embryos, Neugeborene, behinderte Kinder, Komatöse, Demenzkranke, Schizophrene nicht widerstandslos mit dem Begriff der Person vereinbar. Das Faktum, dass Personen Autonomie und Selbst-Bewusstsein als präzise Maßstäbe für das Person-Sein besitzen, der ihnen gegenüber auch von anderen Personen gezollt werden muss, gibt ihnen das Recht und die Freiheit sich für die freiwillige Euthanasie zu entscheiden und daraus ableitend seinem letzten Interesse nachzugehen. Das Votum für die Sterbehilfe einer menschlichen Person wird von Singer mit dem Argument eines verbesserten Schicksals bzw. Ausgangs des Betroffenen aus seiner freiwilligen Euthanasie begründet. Als Vorbedingung zur freiwilligen Euthanasie ist jedoch strengstens ein schmerzloses Töten zu gewährleisten.[48] Nun da Singer aber Axiome und Schlussfolgerungen aufstellt, ohne sie wissenschaftlich zu unterfüttern, wird seine Ethik angreifbar.

Spaemann erkennt ab dem Zeitpunkt der Zeugung ein potentielles menschliches Leben als Person an. Die Menschenwürde erhält die Person nach Spaemann also schon von Anfang an bis zum Ende seines Lebens und nicht erst wie Singer durch seine Entwicklung zu einer Persönlichkeit und damit zum Jemand, woraus sich ableiten lässt, dass Spaemann kontrastierend zu Singer Person-Sein als Mensch-Sein auffasst und er ebenfalls in Diskrepanz zu Singer die personale Identität von empirischen Eigenschaften abhängig macht. Spaemanns Idee beruht also auf einem ontologischen Personenverständnis, Ontologie und Ethik sind ihm zufolge nicht voneinander zu trennen. Deshalb befürwortet Spaemann die Abtreibung genau so wenig wie die Euthanasie und spricht sich im Gegensatz zu Singer radikal gegen das Töten bzw. den "unnatürlichen Tod" aus. Denn Abtreibung und Sterbehilfe sind nur andere Wörter für

---

[47] Locke, John: An Essay Concerning Human Understanding. London, 1. Dezember 1995, S. 106
[48] Nogradi-Häcker, Annette: Zur Personwerdung des Menschen: Zur Ethik Peter Singers. 1994, S. 37- 44

das Töten, in dem alle beiden Akte münden sollen. Billige Auswege müssen unbedingt, so Spaemann, abgewehrt werden, da das Sterben ein Teil des Lebens ist. Zudem fußt die Basis unserer Rechtsordnung auf der Achtung des Menschen vor dem Menschen und es ist deshalb, wie Spaemann daraus folgert, aufs Härteste zu verurteilen diese Achtung an Konditionen bzw. Eigenschaften oder Zustände zu knüpfen, deren Vorliegen zwingend im Vorfeld überprüft werden müssen. Der Mangel sowie das Fehlen von Eigenschaften dürfen darauf aufbauend niemanden dazu ethisch legitimieren, die Tötung eines anderen Menschen zu erlassen. Denn dann müsste logischerweise aus einem individuellen Recht eine allgemeine Pflicht hervorgehen, doch die Forderung nach dieser Verpflichtung ist jedoch unter allen Umständen zu verhindern.[49]

6. Zusammenfassung und Ausblick

Es gestaltet sich als sehr problematisch die Etymologische Herleitung von ‚persona` zu erforschen, denn die Herkunft ist umstritten und daher nicht eindeutig bestimmbar. Die Terminologie hat eine lange Wortgeschichte mit Bedeutungswandeln und unterschiedlichen Auffassungen durchlaufen ehe das moderne Personenverständnis erreicht und grundsätzlich Mensch und Person heutzutage deckungsgleich verwendet werden.

Spaemann schließt sich dem alltäglichen Gebrauch des Personenbegriffs an, indem er Person-Sein über die Zugehörigkeit zur Gattung Mensch definiert und somit Person und Mensch auf dieselbe Ebene setzt. Weiterhin postuliert er, dass der Mensch und damit einhergehend die Person ein Jemand ist und ein Etwas nicht erst später zu einem Jemand werden könne. Spaemanns Philosophie ist beeinflusst durch sein konservatives Denken, seine Naturphilosophie und seine anthropomorphistische Haltung.

Singer, als Präferenzutilitarist, differenziert entgegen der traditionellen Sichtweise von einer Person und in Ablehnung zu Spaemanns Überzeugung deutlich zwischen Person und Mensch. Ein Wesen, das über Bewusstseinszustände, ergo bestimmte Eigenschaften verfügt, so konstituiert er, ist Person. Er lehnt in Folge dessen den Speziesismus strikt ab, woraus impliziert werden kann, dass es daher Menschen gibt, die ihm zufolge keine Personen sind, und Tiere, die Personen sind. Als

---

[49] Baumann, Eva: Die Vereinnahmung des Individuums im Universalismus. Vorstellungen von Allgemeinheit illustriert am Begriff der Menschenwürde und an Regelungen zur Abtreibung. 2001, S. 226 ff.

Präferenzutilitarist gilt er deshalb, da er den moralischen Wert einer Handlung an der Ausrichtung der jeweilig verfolgten Interessenmaximierung bemessen haben will.

Es lässt sich also eine große Kluft zwischen den beiden Positionen aufspannen. Während für Spaemann alle Menschen zugleich auch ab Existenzbeginn Personen sind, muss sich bei Singer eine Person, ein Jemand, erst über das Vorhandensein konstitutiver Eigenschaften behaupten. Für Spaemann reicht es somit aus einen menschlichen Körper zu haben, um sowohl als Mensch als auch als Person determiniert zu werden, wohingegen Singer eine Person nicht über die existente, mit den Sinnen erfassbare Wirklichkeit festlegt, sondern sich auf spirituelle und geistige Güter, die axiomiert werden, beruft. Damit zieht Spaemann eine Grenze zwischen der Spezies Mensch und insofern den Personen hinlänglich aller anderen Lebensformen auf, bei Singer wiederum wird die Grenzziehung, die dem Wesen Schutz, Würde und Unantastbarkeit einfordert, erst mit der Überprüfung nach Personalität gültig gemacht. Eine Person hat bei Singer ein Interesse an seiner Lebenserhaltung und folglich seiner Weiterexistenz, sodass die Tötung einer Person sich mit seiner auf die Zukunft gerichteten Interessen durchkreuzen würde. Aus dieser Schlussfolgerung leitet Singer ein radikales Tötungsverbot für Personen ab, zu denen er jedoch keine Embryonen, Föten und Neugeborene und andere Grenzfälle wie Demenzkranke, Komatöse, Behinderte zählt, ebenso wenig wie personale Menschen, die das Interesse am Leben aufgeben und nicht mehr darum bestrebt sind, weiterleben zu wollen. Konkretisiert bedeuten seine Axiome für die Abtreibungs- und die Euthanasie-Debatte, dass beide ethischen Grenzfälle angesichts seiner Stellungnahme als moralisch vertretbar gewertet werden. Spaemann ist da ganz anderer Ansicht. Er ist der festen Überzeugung, dass es kein schönes Töten geben kann und die Euthanasie tabuisiert werden muss, um keinen fließenden Übergang zwischen Leben und unnatürlichem Tod zu schaffen und so nicht zur Legalisierung von Sterbehilfe beizutragen, weil sonst Freitodscheine als durchaus begründet und mit stetig zunehmendem Konsens als harmloser, zu erwägender und nicht als billiger, zu verpönender Ausweg betrachtet werden würden. Der katholische Philosoph geht sogar noch einen weiteren Schritt in seiner Darlegung gegen Euthanasie, indem er der Euthanasie, genau wie auch der Abtreibung vorwirft, die größten Angriffe auf die Menschenwürde zu sein. Für ihn hat jeder Mensch bedingungslos das Recht auf Unantastbarkeit, moralische Würde und allem Voraus auf Leben.

7. Literaturverzeichnis

- Gloy, Karen: Kollektiv- und Individualbewußtsein; Königshausen und Neumann, Dezember 2007.
- Schmidhuber, Martina: Der Prozess personaler Identitätsbildung und die Rolle von Institutionen: Eine philosophisch-anthropologische Untersuchung; Band 82, Wien, 30. März 2011.
- Specht, Rainer: John Locke; 2. Auflage, 15. März 2007.
- Rehfus, Wulff D.: Geschichte der Philosophie II: 16.-18. Jahrhundert; 1. Auflage, 7. März 2012.
- Kuhlenkampff, Jens: David Hume; 2. Auflage, 30. September 2003.
- Buillon, Christian/Heiser, Andreas/Iff, Markus: Person, Identität und theologische Bildung; 1. Auflage, Stuttgart, 2017.
- Klemme, F. Heiner: Immanuel Kant; 2004.
- Baumann, Eva: Die Vereinnahmung des Individuums im Universalismus. Vorstellungen von Allgemeinheit illustriert am Begriff der Menschenwürde und an Regelungen zur Abtreibung; 2001.
- Gadamer, Hans-Georg: Wahrheit und Methode. Grundzüge einer philosophischen Hermeneutik; 1990.
- Na, Chong-sok: Praktische Vernunft und Geschichte bei Vico und Hegel; Band 318, 2002.
- Hegel, G. W. E. : Grundlinien der Philosophie des Rechts; Berlin, 1821.
- Löwith, Karl: Nietzsche`s Philosophy of the Eternal Recurrence of the Same; 1997.
- Becker, Alexander/Detel, Wolfgang: Natürlicher Geist. Beiträge zu einer undogmatischen Anthropologie; Berlin, 2009.
- Roland, Berger: Wozu Geisteswissenschaften?: kontroverse Argumente für eine überfällige Debatte; Frankfurt am Main, 2003.
- Krüsselberg, Hans Günter: Ethik, Vermögen und Familie: Quellen des Wohlstands in einer menschenwürdigen Ordnung; September 2016.
- Wuketits, Franz M.: Bioethik: Eine kritische Einführung; 22. August 2006.
- Höffe, Otfried: Einführung in die utilitaristische Ethik: Klassische und zeitgenössische Texte;   4. Auflage. Stuttgart, 1. April 2008.
- Roy, Lena-Katharina: Demenz in der Theologie und Seelsorge (Praktische Theologie im Wissenschaftsdiskurs, Band 13); 21. Mai 2013.
- Maio, Giovanni: Mittelpunkt Mensch: Ethik in der Medizin: Ein Lehrbuch; 1. Auflage. 9. Dezember 2011.
- Vieth, Andreas: Einführung in die philosophische Ethik; 2015, 5.1-5.2
- Rohls, Jan: Geschichte der Ethik; 2. Auflage. 31. Dezember 1999.
- Nogradi-Häcker, Annette: Zur Personwerdung des Menschen: Zur Ethik Peter Singers; 1994.
- Boloz, Wocjiech/Höver, Gerhard: Utilitarismus in der Bioethik. Seine Voraussetzungen und Folgen am Beispiel der Anschauungen von Peter Singer; 1. Auflage. April 2002.
- Kern, Udo: Liebe als Erkenntnis und Konstruktion von Wirklichkeit: "Erinnerung" an ein stets aktuales Erkenntnispotential; 2001.
- Spaemann, Robert: Grenzen: Zur ethischen Dimension des Handelns; 2. Auflage, 1. Januar 2002.
- Spaemann, Robert: Glück und Wohlwollen: Versuch über Ethik; 3. Auflage, 1993.

- Nissing, Hanns-Gregor: Grundvollzüge der Person: Dimensionen des Menschseins bei Robert Spaemann; 1. Auflage, 13. Juni 2008.
- Spaemann, Robert: Personen: Versuche über den Unterschied zwischen "etwas" und "jemand"; 3. Auflage, 1. Februar 2007.
- Bielefeldt, Heiner/Lüer, Jörg: Rechte nationaler Minderheiten: Ethische Begründung, rechtliche Verankerung und historische Erfahrung; 2015.
- Stark, Carsten: Kontingenz und Ambivalenz - Der bioethische Diskurs zur Stammzellenforschung; Wiesbaden, 2014.
- Bahne, Thomas: Person und Kommunikation: Anstöße zur Erneuerung einer christlichen Tugendethik bei Edith Stein; 1. Auflage, 22. Oktober 2014.
- Zollikofer, Christoph/Baschera, Marco: Klon statt Person – Individualität im 21. Jahrhundert; 2011.
- Bonelli, Johannes: Leben-Sterben-Euthanasie? (Medizin und Ethik); 1. Juni 2000.
- Fischer, Johannes/ Gruden, Stefan/ Imhof, Esther/Strub, Jean-Daniel: Grundkurs Ethik: Grundbegriffe philosophischer und theologischer Ethik; 2. Auflage, 2008.
- Beckmann, Rainer/Kaminski, Claudia/Löhr, Mechthild: Es gibt kein gutes Töten: Acht Plädoyers gegen Sterbehilfe; 23. Juni 2015.
- Locke, John: An Essay Concerning Human Understanding; London, 1. Dezember 1995.